सावन के हस्ताक्षर

अंकिता सिंह

प्रकृति के अंक में सौंदर्य सृजित करने वाली वर्षा ऋतु को काव्य कुन्ज समर्पित ।

अम्बर के झुरमुट से झांकते मेघों को काव्य कुंज समर्पित ॥

क्रम-सूची

क्रम-सूची

आभार

इस पुस्तक लेखन की उत्कृष्ट प्रेरणा देने हेतु प्राकृति , सावन मास तथा पूज्य माँ श्रीमती मधु यादव एवं पापा श्री हेमन्त कुमार का अन्नत कोटि आभार ।

भूमिका

सावन मास प्रकृति में हरियाली का सृजनकार है । यह पावस के शुभ अंक के साथ धरा पर नव उमंग के हस्ताक्षर करता है । सावन , गर्मी से तपती वसुधा के आंचल में जब बरखा की नन्ही नन्ही बूंद से हस्ताक्षर करता है , तो मन की अभिव्यक्ति से उत्पन्न हुए काव्य के नव कोपल धरती की हथेली पर मनोरम दृश्य उत्पन्न करते है , जिसके अंश सावन के हस्ताक्षर नामक काव्य संग्रह में प्रस्तुत है ।

प्रस्तावना

मन की वेदनाओं को हर लेने वाली हरियाली एक कलमकार की हृदय अभिव्यक्ति का उत्कृष्ट माध्यम है । सावन के तरुवर मन रूपी लता की उत्कंठा को शांत करके पृष्ठ के पटल पर भावनाओं की अनुपम छटा बिखेर देते है और कलम की नोक से हो जाता है नव कविताओं का सृजन ।

नव सृजन होता कविता से ,
मन पुलकित हो जाता है ।
हरियाली का उपहार लेकर ,
जब अम्बर से सावन आता है ॥

1. पत्र सावन के आये हैं

पत्र सावन के आये हैं ।
पुरवा ने कंगन खनकाये है,
हरी चूड़िया काँच की ,

चूड़िया

डोली - डोली जाए है ॥
पत्र सावन के आये हैं ,
मेहंदी के बूटे शर्माए है ।
गुजरी ने सुर्ख हथेली में ,
परिणय चित्र बनाए है ।
पत्र सावन के आए है ,

मनवा मयूर बहकाए है ,
बरखा की नन्ही बूंदें ने
कजरी मल्हार सुनाए है ।
पत्र सावन के आए है ।
अम्बर ने मेंघों के तोरन सजाए है ।
अंजुरी भर गीली मिट्टी में,
वो किसान धान बोकर आए है ॥
अंकिता सिंह लखनऊ उ.प्र

2. एक बूंद पावस की

एक पीर गंगा की, मेरे अंदर भी रहने दो ।
अगर समुन्दर ने पुकारा, तो कैसे जाऊंगी मैं ।
नेह नीर दरिया सी ,मेरे अन्दर भी बहने दो ॥
एक बूंद पावस की, मेरे अन्दर भी रहने दो ।
अगर मेघों ने पुकारा, तो कैसे नेह बरसा पाऊंगी मैं ॥

बादल

एक आस सावन की, मेरे अंदर भी रहने दो ॥

अंकिता सिंह
लखनऊ , उ.प्र

3. दूधिया चांदनी में खिलकर तुम......

दूधिया चांदनी में खिलकर तुम ,
चमन में शोर कर दोगे ।
तम से सिमटी साँझो को ,
महकती भोर कर दोगे ॥
मेरे गजरे में उलझोंगे,
तो फिर महुआ बरसेगा ।
संयम में सकुचे पहुन को,
तुम चितचोर कर दोगे ॥
यूंहि पराग बिखराकर,
प्रीत की डोर गढ़ दोगे ।
पंखुरिया जो ऐसे खोलोगे ,

भ्रमर को मोर कर दोगे ,
तुम्हारे अंग छूकर वो मदमस्त नायेगा ।
आधी रात में ही तुम ,
चांद को चोर कर दोगे ।।
सावन अंक में भरकर ,घटा घनघोर कर दोगे ।
बदरी को नयन में भर ,
कजरारी कोर कर दोगे ।
तुम्हारे अक्स को छूकर वो ऐसे बरसेगा ,
सावन की आहों का भादों से जोड़ कर दोगे ॥
अंकिता सिंह
लखनऊ उ.प्र
29 /8/2020

4. सांझ पावस की

सांझ पावस की,
सांसे भिगोने लगी ।
खुले केश में ,
बदरी पिरोने लगी ।

सांझ पावस की

उसने चुटकी से मांग में सावन भरा,
लाल मेंहदी पग में महावर संजोने लगी ।
सांझ पावस की सांसे भिगोने लगी ,
गीली मिट्टी में प्रणय बोने लगी ।
खामोश नयनो से उसने,
जो अपना कहा ।
मन की तृष्णा संयम खोने लगी ।

सांझ पावस की सांसे भिगोने लगी ,
रैन भी अधजगी सी सोने लगी ।
उसने हौले से झुमके में मीना जड़े ,
प्रेम शरबत की बरसत होने लगी ।
सांझ पावस की सांसे भिगोने लगी ,
उनकी अटारी पर मदहोश होने लगी ।
उसने सकुचा कर गजरे में बेला गूथें,
इत्र से बहकी कायनात होश खोने लगी ॥

5. महके पावस के मोती

महके पावस के मोती बिखरने लगे,
रातरानी के तन भी निखरने लगे ।
हँस के बदरी ने यूँ अंगड़ाई ली ,
स्वपन जुगनू सी आहें भरने लगे ।
महके पावस के मोती बिखरने लगे ,
अनपढ़ चिट्ठी के अक्षर सवरने लगे ।
कोरे लिफाफे को,
डाकिया अनजाने शहर लेगया ।
जाने किसकी दहलीजों पर नेह दीप जलने लगे ।

नेह दीप

महके पावस के मोती बिखरने लगे ।
भीगी पंक्ति में मिलन छंद गढ़ने लगे ।
जबसे तरुवर ने लतिका को अपना कहा ,
सकुचे पल्लव प्रणय डाली चढ़ने लगे ।
महके पावस के मोती बिखरने लगे ,
छुईमुई के पत्ते सिहरने लगे ।
प्रेम की बूंदें अम्बर से जो गिरी ,
आषाढ़ सावन की ओर आगे बढ़ने लगे । ।
अंकिता सिंह
लखनऊ
उप्र

6. सरिता सागर पर घर एक बनाने चली.........

जन्मों की प्रीत निभाने चली ,

सरिता सागर पर घर एक बनाने चली ।

प्रणय तोरन क्षितिज पर सजाने चली ,

सरिता सागर पर घर एक बनाने चली ।।

पग में लहरों की महावर लगाने चली ।

सरिता सागर पर घर एक बनाने चली ॥

सुर्ख मेंहदी ने हाथों को लाल किया ।

चांदनी ने चाँद का हार दिया ।

सितारों का गोटा लहंगे में लगाने चली ।

सरिता सागर पर घर एक बनाने चली ।

जन्मों की प्रीत निभाने चली ।

सरिता सागर पर घर एक बनाने चली ।

उनकी आहों ने गालों को गुलाल किया,

सुर्ख लाली ने अ दरों को लाल किया ।

प्रेम का कजरा आखों में लगाने चली ।

सरिता सागर में घर एक बनाने चली,

सरिता

उजले माथे पर बेंदा लगाने चली ,
सरिता सागर पर घर एक बनाने चली ।
पिता पर्वत ने नेह और दुलार दिया,
माँ घाटी ने गहराई का संस्कार दिया ।
अब प्रिय की लहरों में तीज त्यौहार मनाने चली,
सरिता सागर पर घर एक बनाने चली ।
जन्मों की प्रीत निभाने चली,
सरिता सागर पर घर एक बनाने चली चली ।
कुवारें छंदों में स्नेह आखिर गढ़ जाने चली ,
सरिता सागर पर घर एक बनाने चली ।।
अंकिता सिंह
लखनऊ

उप्र 5 . 6 . 22

7. बादल बदरी के सपने संजोता रहा........

चांदनी ओढ़ कर ,
चांद सोता रहा ।

चांद सोता रहा

बादल बदरी के सपने संजोता रहा ।

इतने में सावन जवां हो गया,
तन की मिट्टी में ,
मेहंदी वो बोता रहा ।
रागिनी ओढ़ कर ,
राग सोता रहा ।
नेह नगमों की मंजरी पिरोता रहा ।
इतने में प्रीत का कारवां हो गया,
मन के उपवन में गीत वो बोता रहा ।
सावनी ओढ़ कर ,
भ्रमर सोता रहा ।
पंखुड़ियों का दिल मोहता रहा ,
इतने में उन्मादी समा हो गया ।
सुर्ख गजरें में,
कलिया वो बोता रहा ॥
अंकिता सिंह
लखनऊ , उ.प्र
3.8.2020

8. एक कुंवारा शून्य सा मन......

एक कुंवारा शून्य सा मन,
जाने किसको पाना चाहता है ।
किसकी भीगी सांसो में ,
सावन बिताना चाहता है । ।
एक कुंवारा शून्य सा मन ,
जाने किसको पाना चाहता है ,
किसकी उल्फत की आहों में ,
जीवन भर गुनगुनाना चाहता है ।
एक कुंवारा शून्य सा मन ,
जाने किसको पाना चाहता है ।
किसके प्रणय उपन्यासों में,
ढ़ाई आखर गढ़ जाना चाहता है ।
एक कुंवारा शून्य सा मन,
जाने किसको पाना चाहता है ।
किसकी सागर सी आंखों में,
दरिया सा उतर जाना चाहता है ।
एक कुंवारा शून्य सा मन ,
जाने किसको पाना चाहता है ।
सुर्ख मेहंदी के बूटों में,

सुर्ख मेहंदी

किसका नाम रचाना चाहता है ।
एक कुंवारा शून्य सा मन ,
जाने किसको पाना चाहता है ,
किसके घर के किवाड़ पर,
नेह तोरन लगाना चाहता है ॥
अंकिता सिंह
लखनऊ
उ.प्र

9. आज सावन आने को है.........

अल्हड़ सरिता का मचला हुआ मन ,
सागर तट तक जाने को है ।
अम्बर पर बादल तड़प रहें है ,
आज सावन आने को है ।
रजनीगंधा का महका हुआ मन ,
भवरें को इत्र लगाने को है ।
मिलन की बिजुरी चमक रही है ,
प्रेम की बरखा हो जाने को है ।
चातक स्वाति की आस पीकर ,
मेघ मल्हार सुनाने को है ।
पावस के पृष्ठ सजे ढाई आखर
रूमानी अंक गढ़ जाने को है ।
तरुणी की अनलिखी चिट्ठी ,

तरुणी

बैरंग पते पर जाने को है ,
सकुची चाहत जाने किस आगंतुक को,
आज हमनवा बनाने को है । ।
अंकिता सिंह
लखनऊ
उ.प्र

10. एक तृष्णा

रूमानी रातो में ,
सुर्ख चांदनी -
सागर की लहरों से कहती है,
गंगा जल सी प्रीत प्रिया की -
तुम्हारी बाहों में बहती है ।
रूमानी रातों में रजनी गंधा -
अमलतास से कहती है ,
बहकी बहकी प्रीत तितली की ,
तुम्हारी सासों में रहती है ।
रूमानी रातों में बदरी की उल्फत -
पावस की बूदों से कहती है ।
भीगी भीगी सावन की आहें ,
तुम्हारे अहसास को चाहती है ।
रूमानी रातों में ,
चातक की पिपासा -
स्वाति नक्षत्र से कहती है ,
एक तृष्णा तुममे मिल जाने की-
रूमानी रातो में तुममे मिल जाने की
मेरी उमंगों में रहती है ॥
अंकिता सिंह
6 जून 2022
लखनऊ

उ.प्र

11. सावन की सेज पर

सावन की सेज पर ,
आप हेमन्त ऋतु बनकर छाईये ।
जैसे मधु - मालती की बेल को ,
तरु का सहारा चाहिए ।

तरु

तरुणी की मंजूषा को ,
नेह दर्पण दिखाईये ।
जैसे जलमाला की आहों को ,
सागर की बाहे चाहिए ।
मान की मृग तृष्णा में ,

कस्तूरी बनकर छाईये ।
जैसे मैं की एकाकी विमाओं को ,
हम की दिशाएँ चाहिए।
जमुना की बहती धारा में ,
गंगा जल हो जाईये ,
जैसे संगम के किसी क्षितिज को ,
जन्मों का बंधन चाहिए ॥
6 जून २०२२
अंकिता सिंह
लखनऊ उ.प्र

12. भीगे लिफाफे में संदेश.......

भीगे लिफाफे में संदेश ,

भीगे लिफाफे

पावस के आने को है ।
सौंधे पलछिन बरखा के ,
तरुणी का मन महकाने को है ।
मेहंदी के हरियाले पात ,
कजरी मल्हार सुनाने को है ।

हरे कंगन काँच के ,
किसकी आहट पर खनक जाने को है ।
पपिहरा के नेह नयन ,
बदरी का काजल लगाने को है ।
आषाढ़ की अंगड़ाई से ,
सावन उतर आने को है ।
5 जून 2022
अंकिता सिंह
लखनऊ उ.प्र

13. सुर्ख सावन

रेखाएं हाथ की ,
सब सुहागन हुई ,
उसने कुंवारी हथेली पर,
म न रख दिया ।
कलाई में कंगन ,
मचल से गये
उसने लाल मेंहदी में ,
छिपा अपना नाम पढ़ लिया ।
मेघ पावस के
मदमस्त बरसने लगे
सुर्ख सावन को
उसने नेह से भर दिया ।
कोरी चिट्ठी के शब्द ,

अपनापन लिख गये,
प्रीत का महका ,
जब उसने उपन्यास गढ़ दिया ।
अंकिता सिंह
लखनऊ उ.प्र

14. नदी की सीपि में

एक नदी की सीपि में ,
लहरों के मोती रहते है ।
वो सागर से आलिंगन करेंगे ,
यह जन्मों के नाते कहते है ॥
एक नदी की कल - कल में,
वेदनाओं के स्वर बहते है ।
जो सागर से मिलकर अपनी पीड़ा तजेंगे ,
यह जन्मों के वादे कहते है ॥
एक नदी के एकाकीपन में ,
तरुणी के गांव रहते है ।
जो सागर तट तक चलेंगे ।
यह पायल वाले पांव कहते है ।

पायल वाले पांव

एक नदी के उपन्यास में ,
अधूरेपन के हिस्से बहते है ,
जो सागर के अंक में पूरे होंगे
यह प्रीत के किस्से कहते है ॥
अंकिता सिंह
लखनऊ उप्र
7 जून 2022

15. हरी चूड़िया काँच की.....

हरी चूड़िया काँच की ,
गोल चाँद सी लगती है ।
जो अम्बर की ऊँचाई से ,
बहकी धरा को तकती है ॥
हरी चूड़िया काँच की ,
बारिश की बूंद पर सजती है ।
जो रातरानी के हरियाले स्वपन में ,
भीगे सावन सी बजती है ॥
हरी चूड़िया काँच की ,
प्रीत की पींगे चढ़ती है ।
जो आगंतुक पाखी की आहट सुन,
दहलीज पर आकर खनकती है ॥
हरी चूड़िया काँच की ,
छुई मुई सी सजती है ।
जो गोरी की सूनी कलाई में ,
सुर्ख मेहंदी संग हंसती है ॥

7 जून 2022

अंकिता सिंह

लखनऊ उ.प्र

16. क्या सावन का आगाज है

तरुवर ने पपिहा से कहा ,
क्यूँ चहकी चहकी आज है ।
प्रीत के झुरमुट से ,

प्रीत

क्या सावन का आगाज है । ।
अम्बर ने बदरी से कहा,
क्यूँ बहकी बहकी आज है ।
बरखा की रूमानी सेल्फी में ,
क्या आशिकी कोई परवाज है ॥
सागर ने सरिता से कहा ,

क्यूँ महकी महकी आज है ।
मै के रिक्त मिजाज में ,
क्या यह हम का कोई साज है ॥
धड़कन ने सांसो से कहा ,
क्यूँ मचली - मचली आज है ।
भीगे भीगे पावस में ,
क्या मदहोश होने का कोई रिवाज है ॥
4 जून 2022
अंकिता सिंह
लखनऊ उ.प्र

17. मेघों का तिलक

कौन पुरवा के भाल पर ,
मेघों का तिलक लगा गया ।

मेघों का तिलक

अम्बर की सरगोशी से ,
धरा पर सावन आगया । ।
कौन सावन के गीत में ,
एक बहकी प्रीत गा गया ।
चौदवीं के चाँद में ही ,
पूर्णमासी का मजा आ गया । ।
कौन पावस के अंक में ,
एक महकी रीत निभा गया ।
मैं की हर रस्म में ,

हम का रिवाज छा गया ।
कौन कजरी के गीत में ,
पहुन को घर बुला गया ।
वह अपनेपन की बेल पर,
प्रीत की पींगं चढ़ा गया ॥
अंकिता सिंह ,
लखनऊ उप्र

18. आषाढ़ का एक अनपढ़ पन्ना

आषाढ़ का एक अनपढ़ पन्ना ,
पावस के प्रथमाक्षर पहचानता है ।
जैसे नदिया का तपता हुआ मन ,
सागर को प्रियवर मानता है । ।

आषाढ़ का एक अनपढ़ पन्ना

सावन का एक अनपढ़ पन्ना ,
पावस के हस्ताक्षर मांगता है ।
जैसे अमावस का तम कारवां ,
दीपमाला का रस्ता जानता है ॥
भादों का एक अनपढ़ पन्ना ,

पावस को सिर्फ साक्षर मानता है ।
जैसे अष्टमी का चन्द्र आधा ,
पूर्णमासी का दर्पण मांगता है ॥
कुंवार का एक अनपढ़ पन्ना ,
पावस के बहके अक्षर पहचानता है ।
जैसे स्वाति नक्षर की बूंद पाकर ,
चातक संयम लांघता है ॥
अंकिता सिंह ,
लखनऊ उप्र

19. मिलन के इस अंक में

जुगनुओं के जोड़ में ,
अंको से अंक मिल रहे ।
मिलन के इस अंक में,
रजनीगंधा के पुष्प खिल रहे ॥
रातरानी के उपन्यास में ,
अक्षर से अक्षर मिल रहे ।
मिलन के इस अंक में ,
भवरें सावन सिल रहे ॥
रजनी के काव्य में,
छंदों से छंद मिल रहे ।
मिलन के इस अंक में ,
पंछी से पंछी मिल रहे ॥

पंछी

पकडंडी के मोड़ पर ,

गांव से शहर मिल रहे ।
मिलन के इस अंक में ,
प्रीत के दीप जल रहे ॥
अंकिता सिंह ,
लखनऊ , उप्र

20. बरखा की बूँदों ने कहा......

बरखा की बूँदों ने कहा ,
अदरों पर सावन घोलिए ।
संयम को संदूकों में रख ,
सकुचाहट की सांकल खोलिए । । ।
बरखा की बूँदों ने कहा ,
पकडंडी का रुख मोड़िए ।
ओढ़कर नदिया की चुनरी ,

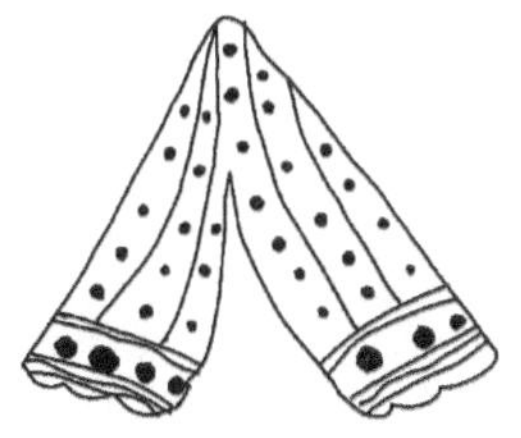

नदिया की चुनरी

समुन्दर को अपना बोलिए ॥
बरखा की बूँदों ने कहा ,

एकाकीपन को छोड़िए ।
बादलो की महफिल में ,
बहका सा हुस्न ओढ़िए ॥
बरखा की बूदों ने कहा ,
धानी धरती की चादर ओढ़िए ।
अम्बर के मस्तक पर तिलक कर ,
सावन की डिब्बी खोलिए ॥
अंकिता सिंह ,
लखनऊ उप्र

21. बहकी बरसात में......

चांदनी रात में ,
बहकी बरसात में ,
रजनीगंधा को इत्र लगाने लगे ।
वो भौंरे दीवानों सा होश गवाने लगे ॥
चांदनी रात में ,
महकी कायनात में ,
आगंतुक पाखी को डाक पहुंचाने लगे ,
वो कबूतर मदहोशी का नीड बनाने लगे ॥
चांदनी रात में ,
भीगे अहसास में ,
शरबत में सावन घोल जाने लगे ।
वो खामोश अदर -
तरुणी को अपना बोल जाने लगे ॥
चांदनी रात में ,
बात ही बात में ,
वो काव्य पावस की अटारी पर गुनगुनाने लगे ॥
छंदो के हिंडौलें डोल जाने लगे । ।

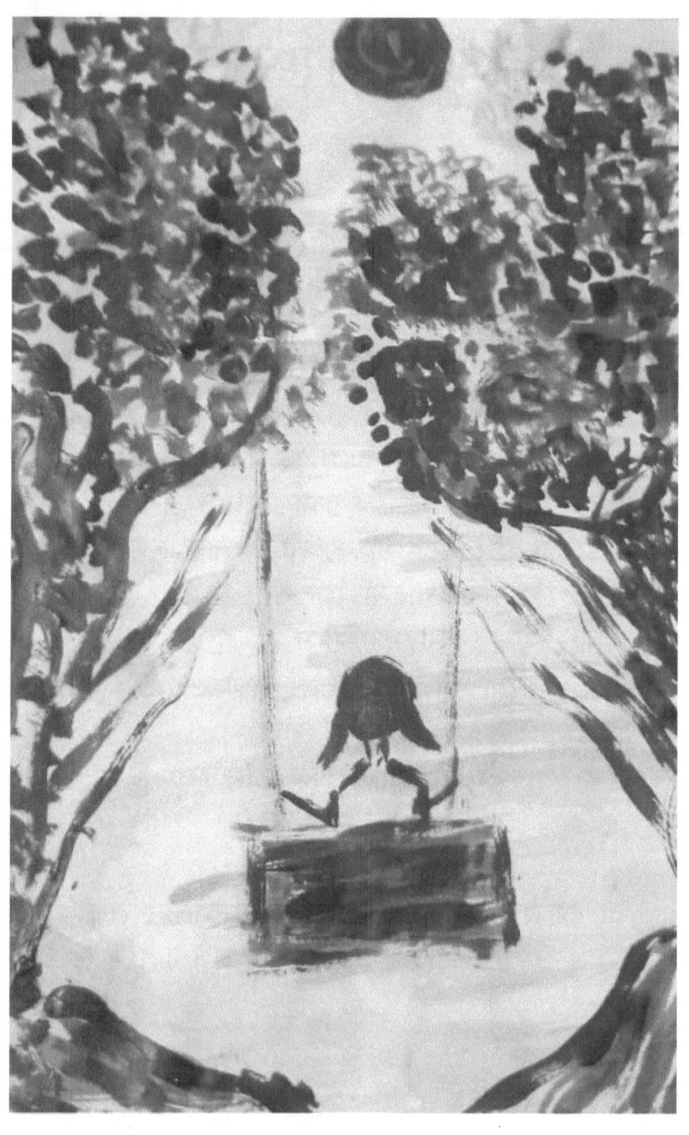

हिंडौलें

चांदनी रात में ,
हाथ ले हाथ में
वो अधूरी सी प्रीत निभाने लगे ।
अम्बर धरणी पर शीश नवाने लगे ॥
अंकिता सिंह
लखनऊ उ.प्र

22. एक शब्द में.....

एक शब्द में ,
उसने मेघ लिखा ।
दूसरे शब्द में ,
सावन का नेग लिखा ।
तीसरे शब्द में ,
मनवा मचल सा गया ।
बहकी बरखा का उसने संवेग लिखा ॥
एक शब्द में ,
उसने घर आंगन लिखा ।

घर आंगन

दूसरे शब्द में ,
उसने सावन लिखा ।

तीसरे शब्द में ,
मनवा मचल सा गया ।
अजनबी शहर को उसने मनभावन लिखा ॥
एक शब्द में ,
उसने चूड़ी लिखी ,
दूसरे शब्द में ,
उसने कंगन लिखा ।
तीसरे शब्द मे,
मनवा मचल सा गया ।
उसने मेहंदी का हथेली संग संगम लिखा ॥
अंकिता सिंह ,
लखनऊ उ.प्र

23. सौंधी क्यारी में .....

सौंधी क्यारी में ,
वो सावन होकर आए हैं ।
एकाकी पंक्ति में ,
वो महफिल खोकर आए है ।
कचनार के तनपर ,
वो भ्रमर सा सो कर आए है ।
मरुथल की माला में ,
समुन्दर पिरोकर आए है ।
उनके मन में रहकर वो ,
उन्ही सा होकर आए है ।
पावन प्रीत के जल में ,
पांव धोकर आए हैं ।
वो मेघ अम्बर के,
धरा का मन मोहकर आए है ।
पावस के झूले में ,
मेंहदी संजो कर आए है ॥
अंकिता सिंह लखनऊ उप्र

24. तिनका शून्य का.....

एक पीड़ा एकाकीपन की ,
सूनी पलको पर रहने दो ।
रेत से तपते मन में ,
अधूरी सी गंगा बहने दो ॥
एक तिनका शून्य का ,

तिनका शून्य का

हृदय सागर में रहने दो ।
नदिया के सम्पूर्ण छंद ,
कुछ अधूरे से बहने दो ॥
एक नौका सूने क्षितिज पर ,
कुछ देर तक रहने दो ,
सन्नाटे के उस अनल पथ को ,

सावन के किस्से कहने दो ॥
एक क्षण अमावस का ,
एक सदी तक रहने दो ।
तम की हर एक वेदना को ,
मलहम पूर्णमासी का सहने दो ॥
अंकिता सिंह ,
लखनऊ उप्र
9 जून २०२२

25. चांदनी रैन

धरा के कैनवास पर ,
सावन निखर का आया है ।
अनजुरी भर अट्टहास में ,
अम्बर खिलखिलाया है ।
छुई-मुई के पात को ,
यह कैसा नशा छाया है ।
छुअन की हर सकुचाहट को ,
क्षण भर में आज भुलाया है । ।
पावस की हर बूंद ने
,नदी का कंगन खनकाया है ।
लहरो के संवेग से ,
सागर का संदेशा आया है ॥
चांदनी रैन में ,

चांदनी रैन

जुगनू सा दिल शर्माया है ।
रातरानी के तन पर ,
जो मेघ बरखा लिखकर आया है ॥
अंकिता सिंह
लखनऊ उप्र

26. स्नेह अर्क अम्बर को दिया ......

स्नेह अर्क अम्बर को दिया ,
डोली में बरखा आ गयी ।
चांदनी उस रात में ,
काली घटा छा गयी । ।
नेह नेग अवनी को दिया ,
सावन की ऋतु शर्मा गयी ।
पावस के स्पर्श से ,
रातरानी सकुचा गयी । ।
मंडप मेघ का सजा ,
पुरवा हवा लहरा गयी ।
सप्त पदी के मंत्रो में ,
बदरी मिलन की रीत निभा गयी । ।
चांद शुक्लपक्षी जो हँसा ,
चकोरी भी इठला गयी ।
बरसात की हर बूंद में,
पपिहा , प्रणय गीत गा गयी ॥
अंकिता सिंह
लखनऊ उ.प्र.

27. पावस

वो बूंद पावस की ,
घुंघरू सी बजती है ।
बदरी की पायल में ,
मीना सी सजती है ॥
वो बूंद पावस की ,
बेला सी लगती है ।
बिजुरी के केशों में ,
गजरे सी गुथती है ॥
वो बूंद पावस की ,
गेंदा सी हंसती है ।
मन की किवाड़ी पर ,
तोरन सी लगती है । ।

तोरन

वो बूंद पावस की
अम्बर से गिरती है ।
महुआ की डाली पर ,
तितली सी फिरती है ॥
वो बूंद पावस की ,
गुलमोहर सी खिलती है ।
मन के संगम में ,
दो नदियों सी मिलती है ॥
अंकिता सिंह
लखनऊ उप्र

28. दहलीज पर सावन उतर आया है ......

चमक उठी चांदनी ,
चांद शर्माया है ।
तारों की दहलीज पर ,
सावन उतर आया है ॥

तारों की दहलीज

गूंज उठी रागनी ,
राग हर्षाया है ।
गीतों के अंक में ,
सावन उतर आया है ॥
नाच उठी मोरनी ,

मयूर मदमाया है ।
वसुधा के आंचल में ,
सावन उतर आया है ॥
खनक रही हरी चूड़िया ,
बाजूबंद इठलाया है ।
गोरी कलाई में ,
सावन उतर आया है ॥
डोल रहा बेंदा ,
बिंदिया ने मन बहकाया है ।
दुल्हन के भाल पर ,
सावन उतर आया है ॥
बोल रही पायल ,
घुंघरू ने शोर मचाया है ।
पाँव के आलते में ,
सावन उतर आया है ॥
अंकिता सिंह
लखनऊ उप्र

29. सावन वाली साँझ मे.....

सावन वाली साँझ मे,
बरखा का मजा लिजिए ।
दिल वाली कॉफी को ,

दिल वाली कॉफी

सुर्ख होठों से पीजिए ॥
काली घटाओं के केश में ,
बूंदों के मोती भर दीजिए ।
महुआ की सूखी डाली को ,
ने ह के नीर से सींचिएँ ॥
तपते मरुथल के नयन में ,
पावस के सपने मींचिए ॥
नदिया की सूनी माँग में
सागर की रेखा खींचिए ॥
मेंहदी के कोरे पात को
सुर्ख रंग से सींचिए ।
गोरी की शयामल कलाई को
साथ हरी चूड़ियों का दीजिए ॥
अंकिता सिंह ,
लखनऊ उप्र

30. मेंहदी की नन्ही नन्ही पत्ती

मेंहदी की नन्ही नन्ही
पत्ती पिसवा दो ।
कोरी हथेलियों में
पावस लिख वा दो ,
महुआ की डाल पर
एक झूला डलवा दों ।
रंगरेज की अटारी से
हरी चूनर ला दो ॥
मौसम की डब्बी में ,
पुरवा का इत्र मिला दो ॥
हाट के बाजार से
हरे कंगन ला दो ।
चूड़ियो की खनखन मे ,

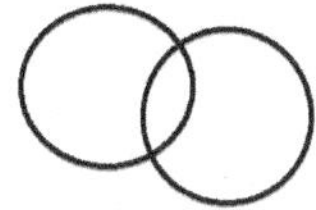

चूड़ी

कलीरे गढ़वा दो ।
झूमके की लटकन में ,
मन भटका दो ॥
सुनो न - बस
अम्बर की दहलीज से
सावन बुलवा दो ॥
अंकिता सिंह
लखनऊ उप्र

31. आषाढ़ की आढ़ में......

आषाढ़ की आढ़ में ,
बदरा खींच लाई वो ।

बदरा

सावन की बेल पर
मेंहदी पीस लाई वो ।
मल्हारों की अटखेली पर
बरसात सींच लाई वो ।
कजरी की दहरी पर
हरियाली लीप लाई वो ।
पावस की बौराहट पर

अंकिता सिंह

मदहोशी मीच लाई वो ।
अजनबी की आहट पर
भादों उलीच आई वो ॥
अंकिता सिंह
लखनऊ उप्र

32. सावन खींच दीजिए ....

ख्वाबो की कचनारों को ,
हृदय पराग दीजिए ।
जेठ की तपती दोपहर में ,
सावन खींच दीजिए ॥
सूनी बदरी में रंग भरकर ,
बरखा उलीच दीजिए ।
सावन की रातों को ,
फागुन से सींच दीजिए ॥
कोरी अंजुरी में नेह भरकर ,
मुट्ठी मींच दीजिए ।
सुर्ख पावस की साझों में ,
मेहंदी पीस दीजिए ॥
मेरी कोरी पकडंडी को ,
सागर की राह दीजिए ,
मेरे मन में लहर भरकर ,

दरिया

मुझे दरिया कर दीजिए ॥
अंकिता सिंह
लखनऊ उप्र
5 जून २०२२

33. आषाढ़ ने हल्दी रचाई है.....

आषाढ़ ने हल्दी रचाई है ।
बिजुरी ने नथ पहनाई है ।
काली घटा ने यूँ प्रणय गठबंधन किया ,
बरखा मौसम की दहलीज पर ,
बरस कर आई है ॥
सावन ने मेंहदी रचाई है ,

मेंहदी

हरे रंग की चूड़ी खनकाई है ।
मेघों ने जो दिलो को जोड़ दिया,
बरखा मौसम का मन भिगो कर आई है ॥
भादों ने ली अंगड़ाई है ,
पावस की पायल पहनाई है ।
पुरवा ने कच्चे धागे से नेह जो सिला,
बरखा मौसम की शर्ट पर दिल छोड़ आई है ॥
अंकिता सिंह
लखनऊ उ.प्र

34. कहार सावन के आए रे

कहार सावन के आए रे ।
मनवा की डोली मुस्काए रे ।
बदरा लग्न लाए रे ।
पपिहा प्रेम की कजरी गाए रे ।
कहार सावन के आए रे ।
बिजुरी जिया बहकाए रे ।
गोरी की चूनर उड़ती जाए रे ।
मेंहदी लगी उंगली - बेला की लाड़ी सुलझाए रे ।
कहार सावन के आए रे ।
मन के दीप जालाए रे ।

मन के दीप

गोरी की ख्वाबों की डोली ,
अनजान नगरिया जाए रे ।
कहार सावन के आए रे ।
अंकिता सिंह
लखनऊ उप्र

35. ऋतु सावन की आएगी ....

महुआ के झूमके में जब ,
काली बदरी छा जाएगी ।
तितली के झुरमुट से ,

तितली

ऋतु सावन की आएगी ॥
कानों को जब बेला की डाली,
मेघ मल्हार सुनाएगी ,

मौसम के लिहाफ से ,
ऋतु सावन की आएगी ॥
मेंहदी के बूटे में,
गोरी अनजाना नाम छुपाएगी ,
हरे कंगन की अठखेली से ,
ऋतु सावन की आएगी ॥
पायल धरा के पांव की ,
जब बहकी बहकी शरमाएगी ,
अम्बर की शरारत से ,
ऋतु सावन की आएगी ॥
अंकिता सिंह
लखनऊ उप्र

कवियत्री परिचय

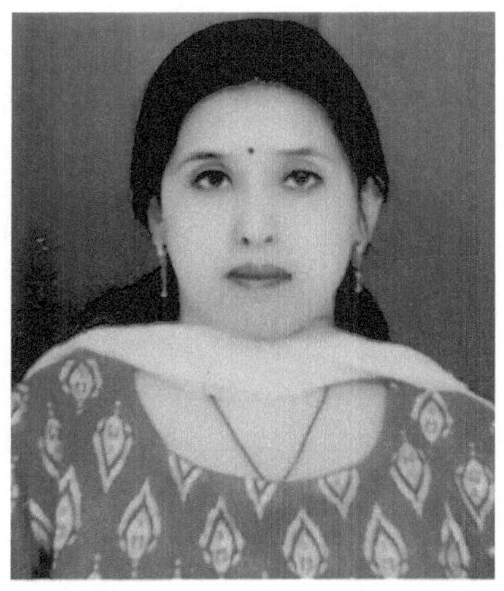

अंकिता सिंह

अंकिता सिंह ने लखनऊ विश्वविद्यालय से पत्रकारिता एवं जंनसम्पर्क में परास्नातक व एम . एड की उपाधि प्राप्त की है । आपने डॉ राम मनोहर लोहिया अवध विश्व विद्यालय से एम. ए . अंग्रेजी तथा एम.ए शिक्षा शास्त्र की उपाधि प्राप्त की है । आपने यूजीसी नेट की परीक्षा शिक्षा शास्त्र विषय में उर्त्तीण की है ।

www.ingramcontent.com/pod-product-compliance
Lightning Source LLC
Chambersburg PA
CBHW031407160726
47993CB00003B/1139